NAHUALISMO EMPRESARIAL

O CAMINHO DOS VENCEDORES

Fernando Salazar Bañol

Nahualismo Empresarial

O CAMINHO DOS VENCEDORES

Tradução:
Carlos Bunn

OutrasPalavras

Dados Internacionais de Catalogação na Publicação (CIP)
Maria Cecília Candeias CRB-8/2888

Salazar Bañol, Fernando
Nahualismo empresarial: o caminho dos vencedores / Fernando Salazar Bañol; Tradução Carlos Bunn. – São Paulo: Outras Palavras, 2001 (Série: Nova Empresa)

Bibliografia.

ISBN 85-86389-16-1

1. Recursos Humanos – 2. Autogestão – I. Título – II. Série

CDU 658.409

Fotocomposição e projeto gráfico: Outras Palavras
Capa: Betina Schmid

Série Nova Empresa

Outras Palavras Produções Editoriais e Comércio Ltda.
Rua Santo Egídio, 709, cj. 141
02461-011 - São Paulo - SP
Telefax: (0xx11) 6959-4823/6236-4823
e-mail: outras-palavras@uol.com.br

ÍNDICE

Ao eminente escritor e jornalista José de Paiva Netto, Presidente da LBV, um verdadeiro guerreiro das causas humanas no Brasil.

AGRADECIMENTOS

A minha esposa Daniela que me inspira e me faz voar ao futuro; a minha filha Clara Luz por seu amor e paciência, apesar da pouca idade.

A meus bons amigos Dra. Ivone Filipini, Dr. Nelson Marchetti, Raquel Rivero, Bassani e Mónica, Dra. Suzilei Izzo Forger, Odete Marchet, Lino Aggio, Vanice e Sérgio Linke, Paulo Siqueira.

Ao dinâmico e inovador Alcione Giacomitti.

Aos profissionais do mundo jornalístico Hélio Moreira da Silva, Ali Mohamad Onaissi, Paulo Alziro Schnor. Ao ilustre escritor León Fredja Szklarowsky.

Um agradecimento especial à jornalista Regina Maria Azevedo que, como editora, acreditou nesta obra confiando que os conhecimentos aqui registrados beneficiarão o maravilhoso povo brasileiro.

F.S.B.

ÍNDICE DAS ILUSTRAÇÕES

O CAMINHO DOS VENCEDORES
GUIA DO USUÁRIO

Fernando procurava Regina...

que procurava Fernando...

Conheci Fernando Salazar Bañol durante a cobertura do Fórum Mundial Espírito e Ciência, realizado em outubro de 2000 na bela e mística Brasília. Dispondo de apenas algumas horas, eu buscava entrevistar o maior número possível de conferencistas. Percorria várias vezes por dia o caminho entre a sala de imprensa e o auditório "vip", onde cada participante aguardava sua vez; encontrei Fernando "por acaso", quando, na verdade, tentava marcar uma exclusiva com um físico indiano.

Reconheci-o através da foto publicada no programa do fórum. "Fernando?", perguntei. Ele abriu um sorriso e estendeu a mão cortesmente, indagando: "Você é..." Ao me apresentar o sorriso ampliou-se; ele procurava há tempo a tal Regina – que na verdade não era eu, mas uma outra, coordenadora do evento. Desfeito o mal-entendido, agendamos uma entrevista e, a partir de então, entramos na mais plena sintonia...

Fernando apresentou seu histórico de conferencista internacional, consultor de empresas e escritor. Embora não fosse o tema da palestra, "por acaso" entregou-me uma sinopse de seu *"Nahualismo Empresarial"*. O tema despertou minha atenção e quis saber se já havia publicado algo sobre o assunto.

De volta a São Paulo, Fernando fez chegar às minhas mãos uma brochura do projeto, já traduzida de forma competente pelo colega jornalista Carlos Bunn. Em dois ou três encontros, fechamos o acordo, descobrindo, a todo momento, mais e mais interesses comuns. Assim nasceu este *Nahualismo Empresarial – O Caminho dos Vencedores* que você, leitor, tem agora em mãos.

Tão simples e objetivo quanto o próprio autor é este trabalho que ora lhe apresentamos. O caminho desse guerreiro-vencedor, que decide passar por várias transformações no intuito de conquistar preciosos atributos como coragem, disciplina e atualização, antes era privilégio de alguns poucos profissionais, cujas empresas se dispunham a investir no treinamento e reciclagem de seus funcionários através de um curso ou vivência com Fernando Salazar Bañol.

Tudo o que o autor sugere, de tão simples pode parecer óbvio. No entanto, ao realizar cada Reflexão, cada Visualização ou Exercício proposto ao final dos capítulos, você experimentará intimamente as mudanças necessárias a alguém que busca conquistar ou aprimorar seu espírito empreendedor no intuito de tornar-se um vencedor.

O Guerreiro-Tigre que se transforma no Guerreiro-Águia e renasce como Kôa, o Felino Voador, são metáforas inerentes à nossa latinidade; trazê-las à tona é questão de treino e de comprometimento pessoal.

Empreender a caminhada rumo às Nove Estâncias de Miktlan é preparar-se para superar os obstáculos que o dia-a-dia nos impõe; cada trilha representa um desafio e oferece reflexões acerca de nossa força e resistência. Assim, conhecedores de nosso próprio poder, saímos da jornada fortalecidos, livres das antigas amarras conservadoras e limitantes.

Nada do que Fernando Salazar Bañol nos apresenta é, de fato, novo (o Império Asteca viveu sem esplendor entre sos séculos X e XII, antes da chegada do colonizador espanhol). Quem o conhece pessoalmente sabe que ele ignora qualquer sombra de pretensão ou vaidade. Fernando é, antes de tudo, um despretensioso Guerreiro da Luz. Assim, a originalidade de seu trabalho se encontra na forma concebida pelo autor para adequar os ensinamentos daqueles tempos à atualidade, mantendo os princípios de honradez e humanidade daquela digna tradição.

Ao editar este trabalho, acreditamos na transparência de suas intenções. E nos reportamos à velha história que demonstra quão limitada pode ser a interpretação acerca de um mesmo trabalho, através da parábola a seguir:

> Observando a árdua jornada de dois ajudantes de pedreiro, Jesus, disfarçado em cidadão comum, perguntou a cada um deles o que fazia. *"Meu trabalho é aborrecido e cansativo"*, respondeu o primeiro. *"Encho o carrinho com aquelas pedras pesadas e depois descarrego tudo ali, para que os pedreiros levantem as paredes"*, concluiu. *"E quanto a você?"*, perguntou Jesus, ao outro trabalhador. *"Eu realizo uma tarefa muito importante"*, respondeu o homenzinho animadamente. *"É mesmo? E o que você faz, especificamente?"*, perguntou o Mestre. *"Eu construo catedrais"*, arrematou.

Assim são os que acreditam fazer diferença no mundo em que vivemos. Estão sempre bem-humorados, motivados e conscientes de sua real importância, dispostos a trilhar novos caminhos e aceitar os desafios que lhes vierem pela frente. Tenho certeza de que você, leitor, faz parte do time dos construtores de grandes obras. Afinal, você já deu o primeiro – e mais importante – passo. Bem-vindo à tribo dos Guerreiros da Luz!!

Regina Maria Azevedo
editora

O Poder da Transformação

No intento de motivar funcionários e despertar a inteligência dos negócios, as empresas, criativamente, utilizam todo tipo de sortilégios e iniciativas. Vale tudo: alpinistas, navegadores, gurus, conceituados jornalistas da TV, caciques, monges budistas, treinadores de futebol e diretores de escolas de samba – todos estes e muitos outros vêm sendo sistematicamente convidados a visitar grandes corporações, e ali proferir palestras e semi-nários de motivação humana.

Não há dúvidas: no conturbado e competitivo mundo empresarial moderno, mais do que caras e extenuantes formações acadêmicas, começa-se a descobrir que, bem lá no fundo, sempre foi e sempre será *o homem* o responsável pelo sucesso ou fracasso das operações de lançamento e comercialização de novos produtos bem como pela redução de custos e eliminação de desperdícios.

Quando as margens de lucro se reduzem drasticamente, a única alternativa para engordar os ganhos é o caminho da eliminação das perdas e desperdícios. O que custa caro hoje nas empresas são os erros cometidos por negligência, por falta de amor à empresa ou por estresse e supercargas de trabalho. Só funcionários motivados, satisfeitos, e que acima de tudo, *amam* suas empresas são capazes de levar adiante, de forma natural e consciente, tais desafios e exigências.

É aí que entram os novos *gurus da espiritualidade empresarial*. Por mais capitalista que seja uma empresa em sua essência, ela é e seguirá sendo formada por *criaturas humanas* que amam, sofrem, sonham, crêem em algo e vivem em função de apreços, razões e considerações que se estendem para além do simples ego humano.

Hoje vivemos tempos de (re)descoberta e revalorização da própria *hominidade* do homem. Mais do que nunca, as empresas necessitam e começam a resgatar a verdadeira essência humana, que foi enterrada, digamos assim, com o advento da Era Industrial e a sua filosofia da ganância a qualquer preço.

Além da fronteira do valor e do poder de compra do dinheiro está a essência humana que só se motiva pelos ideais justos e nobres. O que muitos executivos e empresários começam a descobrir agora é que seus mesmos negócios podem se tornar causas justas, nobres e éticas, e fazendo isso, estarão abrindo uma nova dimensão de grandeza humana, onde a motivação financeira ainda que importante, deixa de ser a razão única. Que o digam os dirigentes das organizações de terceiro setor e das ONGs (Organizações Não-Governamentais) hoje espalhadas pelo mundo todo, movimentando bilhões de dólares em seus orçamentos anuais.

Este *Nahualismo Empresarial – O Caminho dos Vencedores*, de Fernando Salazar Bañol, sem dúvida reúne e sintetiza um profundo e autêntico poder de transformação dentro das empresas modernas.

Carlos Bunn
Jornalista e Consultor Empresarial

VENCER OU VENCER

Quem sou eu para encarar uma empreitada deste tamanho? Fiz esta pergunta, quando fui convidado a apresentar a obra do mestre Fernando Salazar Bañol. Afinal, quais são os meus conhecimentos para navegar – usando um termo em moda – nos originais deste mexicano (que foi adotado por nosso país) e extrair dos seus ensinamentos uma correlação para estimular a vontade do saber aos leitores? O *"Nahualismo Empresarial"* pode ser uma nova forma de aprendizado para um vencedor?

A sabedoria popular na sua forma de expressão diz: "A cada dia que nasce, temos de matar um leão!" Na selva de pedra em que vivemos, esta máxima coloca-nos como possíveis guerreiros. Na maioria das vezes, nem sabemos se somos guerreiros ou não.

É bem verdade que vamos buscar nas teorias eruditas, nos ensinamentos acadêmicos ou não, nas experiências individuais ou no conhecido jeitinho brasileiro, as alternativas para superar as mais intrincadas situações. Desde as mais simples situações domésticas até as mais intrincadas durante o trabalho. É um lutar e vencer diário. É um lutar e empatar diário. É um lutar e perder diário. Nestas proposições que encontramos o verdadeiro significado ou perfil do guerreiro do livro *Nahualismo Empresarial – O Caminho dos Vencedores*, de Fernando Salazar Bañol.

Mãos à obra! Fui folheando o documento e a bendita curiosidade ensinou-me o significado do título. Fui conhecer a arte milenar dos *nahuatl* do México, uma verdadeira proposta cultural, onde o ser humano e a Mãe-Terra se integram numa parceria indissolúvel, desde os primórdios até os nossos tempos. Um tempo em que os modismos teimam em rejeitar o valor de cada ser humano. Esquecendo-se de que ele – o ser humano – é uma pessoa, e como tal, é a verdadeira ferramenta – outra palavra da moda – do Universo.

De quando em vez, deparamo-nos com novas propostas, até mesmo a de que a máquina vai substituir o homem. São propostas vazias, que só têm lugar quando não se acredita na capacidade do ser humano. Por ocasião do fechamento do contrato da robotização das montadoras do ABC, um metalúrgico inquirido sobre a novidade respondeu: "A automatização se faz necessária. Mas, lá atrás, vai ter um operário para acionar o botão do robô." Este esquecimento da capacidade do ser humano faz do conteúdo de *Nahualismo Empresarial – O Caminho dos Vencedores* exatamente o contrário.

O colóquio com o indígena Domingo Collueque – o Cacique Mapuche – nos dá o caminho para entender as raízes da arte de formação dos vencedores. Como afirmou Fernando Salazar Bañol, "um verdadeiro sábio não precisa de plumagem alheia". Domingo Collueque ao definir a situação de todos – eu disse todos – indígenas das Américas que perderam os seus tesouros naturais, por extensão mostrou que os letrados na sociedade dita civilizada também perderam os seus rumos. Ofuscaram-se, de modo geral, os valores sociais; por conseguinte, o ser humano que faz parte deste conglomerado.

A cada dia, não só precisamos matar um leão como também nos reciclarmos em busca de uma vida melhor.

Receita para Vencedores

A técnica de aprimoramento do ser humano, estudada e ensinada por Fernando Salazar Bañol neste livro, vai descobrindo, passo a passo, o guerreiro que existe em cada um de nós. Um guerreiro contra os costumes impostos e acumulados desta e de outras épocas. Um guerreiro que faz parte do meio, por isso convive com todas as transformações sociais.

Hoje, essas mudanças são tão rápidas que o ponteiro das horas parece ocupar o seu semelhante dos minutos e este, o dos segundos. Assim a sociedade produz em escala espiralada os seus guerreiros. Um profissional do tipo Dom Quixote, de Miguel de Cervantes Saavedra. Que o idealizou com uma das mãos, vestindo-o de cavalheiro, mas com duplicidade de caráter e de personalidade. A armadura quixotesca dava-lhe o caráter nobre, mas quanto a seus pensamentos e ideais...

Nahualismo Empresarial – O Caminho dos Vencedores ensina e orienta para a criação de um guerreiro anticalvinista e muito mais agostiniano, que caminha pelas páginas mostrando um crescimento vertical.

Dentro de cada um de nós existe um guerreiro, isso fica claro. Talvez os ensinamentos que possam mudar a evolução deste guerreiro estejam adormecidos em alguns, sonolentos entre outros e devidamente despertos e acesos nos demais. Para tanto, evoluindo-se pelas estâncias, vai-se tendo de forma concreta os estudos básicos que renovam as atitudes de confiança nas pessoas. Todos os passos propostos por Fernando Salazar Bañol, da borboleta à luz, são formas de crédito a qualquer pessoa, sem que ela tenha que provar nada, a não ser para ela mesma.

Cada um dos nove passos propõe uma experiência, centrada na postura de estar aberto ao aprendizado. É uma reforma interior, uma reciclagem constante. Uma aceitação guerreira contra o individualismo ou a defesa dos interesses pessoais, como recursos de sobrevivência diante do excesso de competição e ausência de cooperação, que superou em importância o coletivismo ou a preocupação pelo interesse de todos. Esta revisão interior – que tanto pode ser colocada de forma individual como coletiva – é um desafio. Um desafio que só os guerreiros, como vocês leitores, podem aceitar. Pois, afinal de contas, vocês são ou não vencedores?

Hélio Moreira da Silva
Jornalista - Professor de
Antropologia Cultural
Janeiro de 2001

Nahualismo Empresarial
O Caminho dos Vencedores

Começamos como simples larvas,
que se transformam em borboletas,
que se transformam em tigres,
que criam asas, chegando, por fim,
à condição de Guerreiros-Águias.

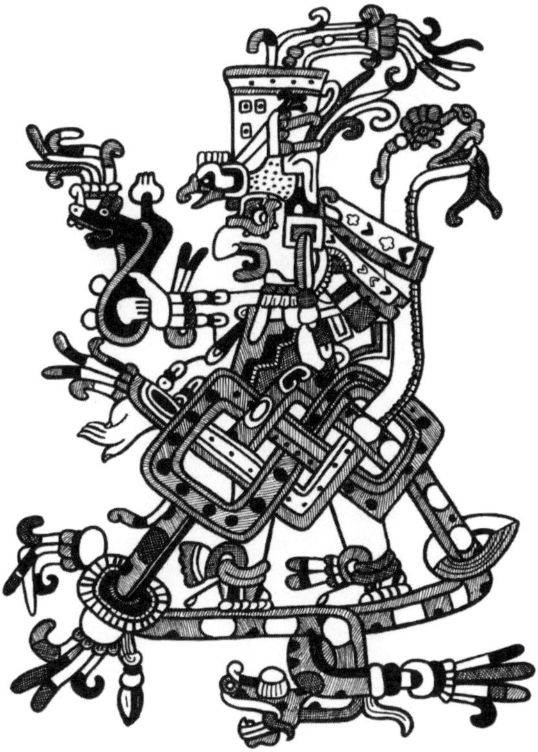

APRESENTAÇÃO

Desde que abandonei a vida confortável que levava em casa de meus pais, comecei um caminho cheio de aventuras e de desafios que se tornaram os principais treinadores para o desenvolvimento do espírito de luta e da capacidade de adaptação aos mais difíceis ambientes da sociedade como um todo.

A correnteza da vida me fez conhecer lugares e centros de poder, pessoas, sábios e personalidades misteriosas. Escalei altas montanhas, como a do Vulcão Tunupa, na Bolívia, com seus 5.048 metros de altitude e desci longas cavernas, como a do Rio Camuy, em Porto Rico. Nesses lugares compreendi que enquanto o homem não regressar ao seio da natureza, seus pensamentos, como sua vida, serão totalmente superficiais e, por isso, negativos e inócuos.

Na busca por civilizações e culturas desaparecidas me deparei com a imponência das maravilhosas construções sagradas dos astecas, com seu México-Tenochtitlan; dos Maias, com Palenque; dos pré-incas, com Macchu-Picchu.

Com os tlamatinime – ou sábios astecas nahoas, aprendi que os templos da deusa-mãe do mundo, situados nas gargantas das montanhas e nos vales mais profundos da terra, somente aguardam que o homem valente golpeie suas portas para ali receber amor, sabedoria e poder.

Durante os 33 anos de pesquisas e viagens, do Canadá à Patagônia, cheguei à conclusão de que as culturas e civilizações americanas têm muitos segredos a serem revelados, cabendo ao homem moderno estudá-los e compreendê-los para que assim possa harmonizar suas forças interiores com as forças da natureza.

Tentando montar este quebra-cabeças dos enigmas das culturas ancestrais das Américas, deparei com cenários grandiosos e eventos inesquecíveis. O primeiro deles ocorreu em 1991, quando foi realizado em Lima, Peru, uma reunião entre os principais líderes étnicos da América Latina, motivada pela celebração do Quinto Centenário do Descobrimento da América. O segundo foi em 1997, em Bariloche, Argentina, quando se reuniram os principais escolhidos de todas as regiões das Américas que se caracterizavam pela sua liderança e sabedoria no Conselho da Terra.

A possibilidade de conhecer líderes e sábios me inspirou a organizar este material, que é uma compilação do que denominamos *Nahualismo Empresarial – O Caminho dos Vencedores.*

Este *Nahualismo Empresarial* tem por objetivo principal formar vencedores no difícil cenário da vida moderna, onde, cada vez mais, necessita-se trabalhar continuamente o aspecto humano e humanizante daqueles que têm a responsabilidade de gerar riquezas para os países e para a sociedade como um todo.

Fernando Salazar Bañol

Herdeiros da Força e da Dignidade

Livre e mais além das fronteiras é o espírito daquele que se alimentou da terra e da tradição. Aqueles que aprenderam a caminhar sob o amparo de seus ancestrais são os herdeiros da força e da dignidade. Estes nunca estarão sozinhos.

Às margens do lago Nahuel Huapi, em meio a montanhas e belos bosques, encontra-se Bariloche.

Apesar da aparente modernidade que tenta contaminar a cidade, sua magia permanece encoberta, à espera daqueles que sejam capazes de revelar seus mistérios.

Mais além do turismo, essa bonita cidade, cravada nos Andes argentinos, é ponto de reunião dos amantes e conhecedores da natureza, sejam eles caciques, anciãos ou sábios.

Durante a semana santa de 1998, junto com minha esposa Daniela, visitei Bariloche. Por essas enigmáticas leis da vida, justamente nesses dias preparava-se uma reunião internacional com os últimos sábios e caciques indígenas da América; e Martha, uma amiga pessoal, a única mulher branca integrante da comissão organizadora, intuiu que eu deveria conhecer Domingo Colueque, o último cacique mapuche, responsável pelo conclave dos sábios aborígenes. Martha me informou que Domingo era desconfiado e contrário a entrevistas; mesmo assim, ela iria se esforçar para conseguir este encontro.

A lei da sincronicidade esteve a meu favor. Fui informado que Domingo havia aceitado entrevistar-se comigo. O lugar do encontro foi o Hotel Andino, onde, na recepção, soube que ele já havia chegado, estando à minha espera. Desci rapidamente e corri ao encontro do último cacique mapuche...

Grande foi minha surpresa... Domingo não estava vestido com penas de aves e seu corpo não tinha pinturas multicoloridas, tampouco se apresentava com quaisquer adornos que indicassem sua posição hierárquica. Simplesmente vestia roupas de "homem branco".

Ao cumprimentá-lo, observei que seu olhar era como o de um condor, seus cabelos tão negros como as penas de um corvo, e sua idade, incalculável.

Durante o tempo em que expus as razões pelas quais desejava dialogar com ele, Domingo me observava detalhadamente. Sei que fui avaliado não por minhas palavras, mas pelo que pôde "ver" em meu interior.

A partir do momento em que Domingo falou, permaneci em imutável silêncio. Minhas forças se concentraram para captar a essência de cada palavra daquele velho cacique.

Domingo comentou que as reuniões anuais dos anciãos representantes das últimas etnias que existem na América tinham claros objetivos. Entre eles:

- a reativação dos santuários da natureza, citando como exemplo o vulcão Lanín;

- evitar a venda indiscriminada e a profanação das terras que formam parte de seus assentamentos, nos quais se encontram as Catedrais Naturais: bosques, rios e cascatas, onde seus antepassados realizaram rituais e cerimônias sagradas;
- recuperar o sentimento de identidade dos jovens indígenas que foram devorados pela falsa civilização; estes se sentem complexados por suas tradições e querem esquecê-las;
- cada ancião implora ao Grande Espírito, que se possa encontrar um jovem de coração puro a quem se transmita a sabedoria de seu povo. Os conhecimentos dos antepassados não podem ser transmitidos através da forma escrita, senão de lábios a ouvidos;
- unir suas forças através da realização de cerimônias, danças e rituais, dirigidos pelos anciãos, para mobilizar os poderes da natureza a fim de gerar, assim, uma nova ordem das coisas.

Domingo nos contou que seus antepassados lhe ensinaram que a Mãe-Natureza tem seus *espíritos guardiães*, e citou como exemplo o Espírito do Vento e o Grande Espírito, regente de toda a criação.

Mencionou que seus avós podiam assumir a forma de animais. E que, neste momento histórico, quase desapareceram as *machis* e os *xamãs*.

Em tom triste terminou seus comentários dizendo que, atualmente, os poucos indígenas que sobrevivem se encontram na mais terrível pobreza e ignorância, devido ao fato de terem caído nos vícios do homem branco: *"Nos afastamos do Grande Espírito e perdemos seus tesouros naturais, que sempre nos foram dados abundantemente como fruto de seu Amor!"*, afirmou.

Finalmente, Domingo me convidou, abrindo uma exceção, a participar do Encontro Internacional de Sábios Indígenas. Senti-me honrado por este gesto de amor. Despedimo-nos e, na recepção do Hotel, contemplei aquela figura que se afastava em direção ao lago Nahuel Huapi... Intimamente pensei: O verdadeiro sábio não se disfarça com plumagem alheia...

Este contato com Domingo e outros encontros com sábios de diferentes etnias nas Américas foram de suma importância e serviram de inspiração para que eu me empenhasse na criação deste trabalho.

Nahualismo
Definição Pessoal

O homem nasceu para realizar mudanças ou transformações em sua consciência e em seu meio. Enfrentando a vida com autodisciplina e auto-superação, lutará para romper as amarras convencionais que o impedem de realizar suas conquistas pessoais e profissionais

Por que Criamos o Nahualismo Empresarial?

O rei, por seu turno, exercia a função tríplice de guerreiro, sacerdote e deus.

Não importa o cenário nem a situação política ou econômica. O mundo sempre oferece novas oportunidades para aqueles que crêem em si mesmos e possuem um grande espírito de luta.

O *Nahualismo* é uma arte derivada da ancestral cultura *nahuatl* do México pré-hispânico, podendo ser utilizado no mundo empresarial como técnica, meio e ferramenta de desenvolvimento pessoal e profissional, levando seus participantes à descoberta de novos potenciais humanos e riquezas interiores, capacitando-os a superarem novos desafios e metas.

A expressão *Nahualismo Empresarial* surgiu a partir da antiga cultura asteca e sua escola de formação de guerreiros e líderes políticos; assim sendo, reúne e sintetiza um profundo e autêntico poder de transformação dentro das empresas modernas

Objetivos

- Combater o conformismo e a falta de espírito de luta

- Desprogramar hábitos e vícios profissionais
- Descobrir e transformar limitações pessoais
- Lidar com situações críticas e de estresse
- Desenvolver a percepção e novas formas de transcender dificuldades pessoais e ambientais
- Auto-superação humana
- Transformar o perfil do profissional medíocre em profissional vencedor
- Criar e desenvolver um novo sentimento de autoconfiança.

O QUE POUCOS SE DÃO CONTA...

Enquanto os europeus ainda tinham dúvidas acerca do formato da Terra, os Maias já viajavam à China, trocando produtos tropicais por jade.

No mesmo tempo em que a Igreja queimava nas fogueiras da Inquisição gênios como Galileu, os Maias conheciam profundamente astronomia, edificavam palácios de pedras e contabilizavam o tempo através de um complexo calendário solar. A grande dúvida, que resiste às provas do Carbono 14, é descobrir por que estas sociedades tão evoluídas e avançadas deixaram de existir de uma hora para outra.

O que fizeram de errado seus sábios, a ponto de perderem definitivamente o poder e a glória dos seus valiosos conhecimentos?

A grandiosidade da civilização Maia é um exemplo de aliança entre o homem e a natureza.

Uma Viagem ao Passado

"Era como um feitiço no livro de Amadis...
E alguns de nossos soldados perguntavam
se o que estávamos vendo não era um sonho".

(Crônicas de Hernán Cortéz, ao desembarcar
nas costas do México em 1519)

Vamos voltar no tempo e examinar o passado. Assim poderemos compreender os costumes e observar as tradições da legendária civilização asteca.

Sete foram as principais civilizações que floresceram no território que hoje conhecemos como México. Este fabuloso país de grandes riquezas arqueológicas é banhado por dois oceanos: Pacífico e Atlântico. Possui um território de 2 milhões de km^2. Limita-se ao norte com os Estados Unidos e ao sul, com a América Central.

Estas foram as sete grandes culturas que se desenvolveram no México e seus respectivos cenários geográficos:

- *Astecas:* Vale de Anahuac
- *Maias:* Campeche, Chiapas e Yucatán
- *Toltecas:* Tula
- *Olmecas:* Tabasco e parte de Veracruz
- *Distecas e Zapotecas:* Sinaloa

- *Tchichitmecas:* Diversas partes da região central e Jalisco

O sistema de governo asteca era teocrático (reis divinos). Todas as terras pertenciam ao *Grande Tlatoani,* ou seja, ao Sábio Governante.

A divisão social era composta de sacerdotes, guerreiros, agricultores, artesãos, etc. Todos se reuniam em clãs, alguns com mais de 20 mil membros.

Todos, sem exceção, eram guerreiros. Os escravos eram homens expulsos de seu clã por haverem cometido algum crime. Não tinham mais direito à terra nem à proteção do clã.

O lugar onde eram comercializados seus produtos se chamava *tianguis* (mercado). O sistema de comércio era feito à base de trocas. O chocolate era muito apreciado por eles e possuía alto valor de revenda ou de troca, assim como o tecido de algodão.

Na batalha, um guerreiro jamais tentava matar. Apenas buscava capturar ou aprisionar o inimigo. Quanto mais prisioneiros tinha, mais honrado era o guerreiro.

Os astecas, antes de declararem guerra, enviavam comitivas de embaixadores para realizar negociações.

Acreditavam os astecas que morrer era anti-social. Mesmo sabendo que algum dia iriam morrer, acreditavam que vida e morte eram apenas um espelho que refletia a mesma realidade.

Eles acreditavam na existência de 13 céus e de 9 infernos. O egoísmo era considerado, entre eles, como má educação.

O Grande Tlatoani, o Sábio Governante, era escolhido pelo Conselho dos Quatro. Este conselho era formado por anciãos-chefes dos clãs que representavam os quatro pontos cardeais, e a eleição era secreta e realizada mediante um rito especial.

Os astecas eram excelentes astrólogos. Possuíam dois calendários: um solar com 365 dias divididos em 18 meses de 20 dias, mais 5 dias chamados de *nemontemi* (vazios). O outro calendário era denominado de *Tonalpohalli* (calendário sagrado) composto de 260 dias, com 20 meses de 13 dias. Mediante a combinação dos dois calendários, faziam a datação, as observações, registros e previsões.

ORDENS MÍSTICAS

As duas Ordens mais importantes dos astecas eram a *Ordem dos Guerreiros-Tigres* e a *Ordem dos Guerreiros-Águias*.

Os Guerreiros-Tigres eram guerreiros com formação mística e acostumados a duras batalhas.

Ocelotl-Tonatiuh, Sol de Tigres, um dos 20 fundadores de México-Tenochtitlan, era o chefe e sacerdote da Ordem dos Tigres, cujos guerreiros eram submetidos a provas antes de aprender a dominar as artes da guerra.

Depois de muitas batalhas, um guerreiro-tigre conquistava o direito de ser admitido na Ordem dos Guerreiros-Águias.

Esses guerreiros-águias eram muito ousados e sempre realizavam grandes missões.

PRIMEIRA PARTE
A GÊNESE DO GUERREIRO

"A guerra não é apenas um ato e um instrumento político, econômico e religioso das cidades-estados. A guerra e o comércio também são um ritual".

(Octavio Paz)

Fase Embrionária
Descobrindo o Poder de Voar

O mundo pode aprender muito com os povos que denomina de primitivos, posto que o seu conhecimento vale ouro.

Talvez o maior desafio do ser humano seja consigo mesmo: o de enfrentar e reconhecer suas limitações e imperfeições. No dia em que decidir enfrentar a si mesmo, começará a sair do estágio larvar, ganhando impulso para desenvolver asas e beleza.

Em Teotithuacan, a cidade onde os homens se transformam em deuses, os sacerdotes astecas preparavam os candidatos à transformação por meio de severas disciplinas. Essa preparação se dava no Templo de Quetzalpapalotl, também conhecido como o Templo da Borboleta Divina.

Se quero ser um guerreiro vencedor (um profissional bem-sucedido) por que é necessário começar pelo estágio larvar?

É simples! Antes de mais nada o guerreiro, o profissional, o executivo devem se dar conta de suas debilidades, de suas fraquezas e também de suas qualidades e virtudes. Depois, mediante uma disciplina adequada e conhecimentos específicos, irão eliminar as debilidades e fortalecer as virtudes. As debilidades de um guerreiro são seus piores inimigos, antes, durante e depois das batalhas.

Nesse estágio, o guerreiro irá experimentar ou vivenciar três processos:

- *Casulo*: todo começo é difícil e até perigoso. É preciso "sair da casca". Quem não sai da casca morre, estagna e perde a chance de crescer e se desenvolver. Portanto, não há tempo para dúvidas e vacilações.
- *Larva:* é preciso perceber e estudar as próprias limitações. O guerreiro se dá conta de que, lutando contra as próprias limitações, é capaz de superar muitas coisas e até descobrir novas capacidades ocultas dentro dele mesmo.
- *Crisálida:* sempre deverá haver um esforço e um motivo capaz de levar o guerreiro à auto-superação e à autotransformação.

A mudança que surge após viver esses três estágios permite ao guerreiro perceber que pode voar muito além daquilo que julgava possível. Mesmo voando, logo se dá conta que não pode voar como uma águia. Porém, já se torna consciente de sua beleza, de suas cores ou de seus talentos. Reconhece também que necessita se desenvolver muito mais para não cair vítima de seus naturais predadores, as circunstâncias normais da vida.

O estágio de *Sair do Casulo* constitui o que chamamos de *Gênese do Guerreiro*. Nessa etapa, terá de enfrentar e vencer algumas provas, como estas:

- Desespero e Serenidade
- Fragilidade e Fortaleza

- Agilidade e Morosidade
- Tensões e Capacidade de Relaxar
- Ruídos e Silêncio
- Violência e Paz
- Alegria e Tristeza
- Beleza e Desarmonia

Durante este período, o guerreiro aprende a desenvolver hábitos crípticos ou sistemas de defesa contra seus inimigos, sem despertar sua reação.

Findo o processo de aprendizado desta fase embrionária no Templo dos Guerreiros do Arco-Íris, o aspirante a guerreiro começa a dominar o *"elemento surpresa"*. Se passou satisfatoriamente em todas as provas e desafios, terá então de transformar suas frágeis asas em fortes garras. É chegado o momento do segundo estágio: o salto felino ao Templo dos Guerreiros Tigres.

A Borboleta(*)

Um dia, uma pequena abertura apareceu em um casulo. Um homem sentou-se diante do casulo e observou, por várias horas, a borboleta que estava por nascer.

Ela se esforçava enormemente para que seu corpo passasse através daquela pequeníssima abertura. Parecia então que ela havia parado de fazer qualquer progresso, que havia ido o mais longe que podia e não conseguiria mais progredir.

(*) O autor recebeu este texto via Internet, desconhecendo sua autoria.

O homem, então, decidido a ajudar a borboleta, abriu cuidadosamente o orifício do casulo e a borboleta pôde sair facilmente, mas o seu corpo estava murcho, era pequenino e suas asas estavam amassadas.

O homem continuou observando a borboleta, esperando que a qualquer momento suas asas abrissem e se esticassem, tornando-se capazes de suportar seu corpo. Mas nada aconteceu.

Na verdade, a borboleta passou o resto da vida com seu corpo murcho e suas asas encolhidas. E nunca foi capaz de voar!

O homem, em sua gentileza e vontade de ajudar, não compreendia que o casulo apertado tinha o espaço necessário para a natureza cumprir sua função. E para a borboleta, o trabalho de passar através da pequena abertura, era o caminho dado pela vida para que o fluido do seu corpo chegasse às suas asas, estando pronta para voar quando conseguisse se libertar do casulo.

Vale, então, a reflexão: algumas vezes, *o esforço é justamente aquilo de que precisamos em nossas vidas.*

Se passássemos pela vida sem qualquer obstáculo, não conheceríamos o prazer da conquista e a possibilidade da vitória. Não conheceríamos nossas capacidades, nem nossos limites, e provavelmente, não conseguiríamos voar... Assim, muitas vezes:

- Pedimos *força,* e recebemos *dificuldades,* para nos fazer mais fortes e lutadores.
- Pedimos *sabedoria,* e recebemos *problemas,* para exercitarmos nosso raciocínio.

- Pedimos *prosperidade*, e recebemos *capacidade*, para trabalhar e nos prover.
- Pedimos *coragem*, e recebemos *perigo*, para superarmos nossos medos.
- Pedimos *amor*, e recebemos *desafetos*, para conhecermos o perdão e a caridade.
- Pedimos *sucesso*, e recebemos *oportunidades*, para aprendermos a optar.
- Pedimos *segurança*, e recebemos o *vazio*, para conhecermos a nós mesmos.
- Pedimos *saúde*, e recebemos *dor*, para aceitarmos limites e descobrirmos a fé.

Em nossa visão imediatista parece que nunca recebemos nada do que pedimos; mas na verdade, em sua infinita beleza, sempre recebemos da vida tudo o que precisamos para ser cada vez melhores.

Portanto, *nunca desista, lute sempre!*

REFLEXÃO: ROMPENDO O CASULO

Do casulo de seus cobertores, ainda em sua cama, de manhã ou à noite, pense, medite, reflita sobre os condicionamentos de vida a que você foi submetido, condicionamentos esses que o impedem de expressar alegria, tristeza, emoções e sentimentos para com seus familiares, amigos e colegas de trabalho. E, a partir de agora, tome a firme decisão de mudar radicalmente a sua atitude para com as pessoas que formam o seu círculo de relações sociais. Deixe fluir as emoções.

Considere especialmente:

- Suas próprias limitações
- Seus desejos não realizados
- Os falsos paradigmas
- Seus vícios
- Suas dúvidas

VISUALIZAÇÃO

Todas as manhãs, ao levantar-se, imagine-se saindo do seu casulo e indo em busca de mais um dia de trabalhos e atividades que o farão crescer e se desenvolver dentro dessa grande escola que é a Vida.

Faça do seu dia de trabalho um exercício permanente de expressão de alegria, contentamento, paz e felicidade, mesmo que não seja um dia de sol e de calor.

Primeira Transformação:
O Guerreiro-Tigre

"É preciso aprender, obedecer e imitar a Natureza"

(Samael Aun Weor)

O Guerreiro-Tigre
De Frágeis Asas a Fortes Garras

Aonde quer que chegasse um guerreiro, ali era motivo de alegria, pois ele representava força, respeito e poder...

Depois de haver transformado as frágeis asas de borboleta em garras e, uma vez tendo sido tendo sido aceito na Ordem dos Guerreiros-Tigres, o guerreiro se prepara para trabalhar em si os seguintes aspectos:

- Despertar o felino interior
- Descobrir a própria força
- Dominar a si mesmo
- Conquistar territórios

Sempre se é *filhote de tigre* (aprendiz) quando se começa algo novo. Assim, como recém-ingresso no segundo estágio, o aspirante a Guerreiro-Tigre tinha que enfrentar os seguintes desafios, para criar dentro de si os aspectos acima mencionados:

- Tudo fazer como se fosse a última batalha.
- Ir ao encontro de si mesmo dando graças ao seu passado e pelo que é agora.
- O sentimento da morte o tornará suave e bondoso, porque, para ele, diante desse fim irremediável, todos os destinos são válidos.

A morte se acerca de nós como uma sombra.

- Seus atos terão grande poder porque sempre irá considerar sua vida como uma missão. E esta é uma missão que nunca se acaba.

Se todas essas conquistas forem cumpridas na forma de virtudes internas, então o Guerreiro-Tigre terá terminado sua própria transformação e fará, da paciência, uma arte: a arte de perseguir objetivos.

O guerreiro terá então descoberto que tem a agilidade e o espírito de luta dos felinos. E durante muito tempo agirá como felino. Até o dia que descobrir que está limitado pelo seu próprio território.

Assim, começará a busca por novos horizontes e novos espaços. Nasce nele o desejo e o impulso de se tornar uma águia para poder voar alto e, com força, superar o limite dos territórios.

Com isso poderá chegar a dominar a *visão* daqueles que vêem o mundo desde o ponto mais alto....

Reflexão: O Salto Felino

A partir da rocha da sua inteligência observe, descubra e analise estes inimigos naturais:

- Medo da pobreza
- Medo da velhice
- Medo de perder a saúde
- Medo de perder o emprego

- Medo de morrer
- Medo de perder quem você ama
- Medo do desconhecido

VISUALIZAÇÃO

Imagine-se um tigre. Coloque-se no lugar do tigre. Procure sentir o que sente o tigre. O tigre também precisa sobreviver na selva ou na savana. Ele precisa comer. Ele tem seus inimigos naturais a quem deve combater. O tigre pode sentir medo, instintivamente, mas, jamais recua diante de seus objetivos, sejam estes de sobrevivência ou de defesa de seu território. Agora, alie a coragem do tigre à sua inteligência. Pratique isso todos os dias, e dentro de você nascerá um novo ser, disposto a enfrentar e a vencer todos os obstáculos da Selva de Pedra.

Antes de enfrentar qualquer situação, antes de começar uma reunião difícil, pratique o exercício do guerreiro-tigre, tornando-se ágil, atento, observador, astuto, forte, calmo, seguro de si.

SEGUNDA TRANSFORMAÇÃO: O GUERREIRO-ÁGUIA

O guerreiro é fluido como o vento....

O Guerreiro-Águia: Conquistando as Alturas

Ó vento! Ó espírito! Tu que exalas
o divino princípio, que és o mistério
de todas as coisas, tu que curas meu interior
e que fazes com que meu pensamento
flua levemente, onde estás? Onde te ocultas?

O guerreiro, como o tigre, aprende a superar seus próprios sofrimentos que se originam da solidão da conquista e do domínio de um ou mais territórios.

O Guerreiro-Tigre, com suas garras retráteis, sabe reduzir ou aumentar o seu próprio tamanho como resposta a certos estímulos, para atacar de surpresa e mostrar seu grandioso porte.

Se, na etapa anterior, tal guerreiro soube descobrir sua força e o espírito de luta, neste novo estágio almeja superar suas limitações terrestres para dar o *salto do tigre* que constitui a sua transformação em *Guerreiro-Águia.*

Nesta etapa, tem-se consciência do grande porte e do próprio poder, porém, ainda falta algo: alcançar o céu e dominar as alturas, e, com isso, conquistar novas caracteríticas pessoais e profissionais, tais como:

- Visão
- Leveza
- Liberdade

Para cumprir este estágio, o candidato a guerreiro-águia vai ao correspondente templo (centro de formação). Ali irá aprender a voar, a conduzir seu vôo. Irá aprender a caçar e a observar tudo e todas as coisas com olhos de águia, do alto e de longe.

O espírito da águia é de inconformismo, de não-aceitação de rotinas e padrões pré-existentes. E sempre está disposto a alçar vôo na direção de uma nova aventura ou um novo experimento.

A esta altura de sua vida, em plena segunda grande transformação, todo e qualquer desafio de mercado ou obstáculo em sua vida são vistos como simples oportunidades de aperfeiçoamento. Forma-se dentro dele o sentido da antevisão das coisas e dos acontecimentos.

O guerreiro-águia passa a ver o que o homem comum e corrente não vê e nem sonha – e menos ainda, correria o risco de conseguir.

Como a águia que constrói seu ninho nos picos mais elevados e inacessíveis, também o guerreiro-águia deve elevar seu espírito, passando a fundamentar seus ideais e metas de vida muito além do comum das pessoas.

O guerreiro-águia detecta novas oportunidades de mercado – ou em sua vida – sempre observando tudo do alto. Quando toma uma decisão, age rápido, silencioso e de maneira determinada.

Economiza suas próprias energias, aproveitando os ventos ascendentes. Cuida de sua aparência e não despreza os detalhes pessoais que podem levá-lo a ser visto como:

- Possuidor de uma apresentação simples porém marcante (como a águia real)

- Naturalmente elegante e sem afetação (como a águia imperial ibérica)
- Dono de si e de seus atos, mas sem orgulho ou arrogância
- Senhor de suas habilidades e conhecimentos, mas sem desprezar as águias menores
- Consciente de si e de suas habilidades
- Sempre alerta e atento a tudo à sua volta

Segundo as tradições *nahoas*, a "energia do guerreiro" somente começa a se manifestar quando ele se torna humilde, simples e natural, agindo sem afetação. Para tanto, ele abdica de suas qualidades negativas como o orgulho, a afetação, a arrogância, a auto-importância, etc. e passa a ser fluido como o vento e natural como o vôo dos pássaros.

O perigo de todo aquele que começa a voar alto é ser levado desprevenidamente pelas correntes dos ventos. O condor dos Andes, por exemplo, se chegar a perder o domínio de seu vôo devido às rajadas de vento, pode ser arremessado contra as rochas e ter suas asas quebradas. Do mesmo modo, os altos executivos que voam nas elevadas esferas de poder podem ser apanhados por correntes contrárias, sendo jogados contra as rochas do abandono, do desprezo e da traição.

As elevadas alturas do universo empresarial requerem de suas águias uma ação constante e determinada, que se caracteriza pela liberação de condicionamentos gerados pelos falsos paradigmas, seja da sociedade, seja do mundo dos negócios.

Vejamos:

- Como as *hienas*, os condicionamentos negativos são insolentes e atrevidos, fortes e persistentes. Aparecem de mil maneiras diferentes: tentadores, insinuantes, ameaçadores, vingativos, etc.
- Como as *serpentes*, os maus hábitos nos aguardam ocultos, enquanto crescem e se fortalecem, massacrando as virtudes naturais de todo ser humano, como o apreço, a cortesia, o bom humor, a simpatia, etc.
- Como os *macacos*, inúmeros problemas imaginários aparecem em nossa mente todos os dias, atormentando nossa vida e roubando precioso tempo, porém, sem representar nenhuma ameaça real ou efetiva.
- Como os *abutres*, a dúvida é por nós admitida, considerada e valorizada, eclipsando a perenidade das coisas e a continuidade de propósitos de nossas decisões e metas.

Uma vez cumpridas as etapas de formação de guerreiro-águia, o seu *instinto* de guerreiro se torna *consciência,* a confiança em sua própria capacidade se torna natural e começar um novo projeto se torna tão simples como alçar vôo.

Um guerreiro-águia acredita em seu próprio grito de guerra: *"Nada pode me deter, exceto o Grande Espírito"*.

E nas alturas vertiginosas dos céus, o guerreiro-águia vive sereno e em paz consigo mesmo, senhor de seus domínios, natural e simples como a vida que se dá ao luxo de observar do alto.

Reflexão

Faz parte do treinamento de um guerreio-águia:

- Aprender a calar
- Aprender a ousar
- Aprender a falar
- Aprender a querer
- Aprender a centrar-se em si mesmo

Superando Regras

Das alturas de seu espírito observe:

- Quais são as amarras que impedem você de alçar vôo?
- Quais são os obstáculos que você deve superar para conquistar as alturas?
- Que classes de turbulências e ventos fortes ameaçam a tranqüilidade do seu vôo entre as altas montanhas?

Visualização

Diante de um espelho, pense e imagine os objetivos mais grandiosos que ainda lhe faltam conquistar. Observe-se diariamente no espelho e antes de sair para o seu trabalho, repita 3 vezes para você mesmo, olhando-se no fundo dos olhos:

- Eu sou uma águia.
- Eu nasci para viver nas alturas.
- Eu posso ir além dos picos nevados das mais altas montanhas do mundo.

Esteja seguro de que, dentro de você, existe o espírito de uma águia que não nasceu para viver ciscando a terra em busca de insetos e minhocas.

Terceira Transformação:
O Renascimento

"Necessito de homens para uma viagem arriscada; salário baixo, frio congelante, largos meses de completa obscuridade, de perigo constante e retorno duvidoso. Mas, com honra e reconhecimento em caso de êxito".

(Ernest Shackleton)

O Renascimento:
Uma Decisão Arriscada

O isolamento passado alimentou e preservou as tradições autóctones; entretanto, o reconhecimento, a cooperação e o diálogo entre os povos indígenas e outros setores da sociedade são importantes. Isso deve trazer um benefício mútuo e duradouro, baseado no respeito ao espiritual e ao pensamento profundo de cada um de nós.

Quando o guerreiro, já transformado em Guerreiro-Águia, se sente pronto e maduro começa a se arriscar mais e mais. Sua recompensa são as novas conquistas. A ele pouco importa o frio das alturas e do isolamento. Passa a trabalhar muito e de forma determinada, por longos períodos, até que, por fim, alcance o seu objetivo. As ameaças do ambiente também servem de motivação para levar adiante o seu empreendimento e a sua iniciativa.

Porém, haverá um momento em sua vida em que sentirá a necessidade de canalizar sua energia de guerreiro e suas habilidades e conhecimentos a algo mais nobre. Dizem as tradições dos povos autóctones que "a sabedoria da águia" não é mais uma teoria para a memória, mas sim, algo para ser vivido plenamente na corrente da vida onde está situado.

Essa decisão exige muita coragem. É uma decisão muito arriscada. Porém, se decidir levar adiante este novo projeto, esta nova conquista, terá de cumprir as quatro etapas a seguir:

- *Tlakatia:* nascimento
- *Tozoztli:* agonia e vigília
- *Xochimiki:* morte florida
- *Izkaltia:* ressurreição ou renascimento

A natureza contagiante de uma decisão inédita e/ou importante da parte de alguém que conquistou as alturas da vida pode inspirar todo um grupo ou mesmo toda uma Nação. Há exemplos clássicos de homens que jogaram tudo para o alto e se lançaram na conquista de ideais em que acreditavam, como Gandhi e Martin Luther King, dentre tantos outros.

Das alturas onde estão seus pensamentos e seus domínios, essa classe de homens e de mulheres planeja seus sonhos e metas de vida que, com o tempo, se traduzirão em novas conquistas.

Todo guerreiro, todo profissional moderno dotado do "espírito de guerreiro-águia" é disciplinado para essa finalidade, passando a cultivar interiormente as seguintes virtudes ou qualidades:

- Confiança (numa marca, produto, empresa)
- Liderança (como os bandeirantes, abrem e fazem novos caminhos)
- Espírito empreendedor
- Sinergia: capacidade de reunir e multiplicar recursos

- Capacidade de adaptação e de reaprender
- Coragem para inovar
- Ousadia (todos podem fazer tudo, desde que julguem possível)
- Destemor (não temer o desconhecido)
- Gosto pelo risco e pelo desafio
- Discernimento (capacidade de calcular e avaliar os riscos e fatores inesperados)
- Capacidade de motivação (saber vender projetos e idéias)
- Organização e logística (foco e aplicação de recursos)

O sábio colombiano Samael Aun Weor, acerca de novas conquistas afirmou: "Não existem coisas impossíveis, apenas homens incapazes". E também: "Não são as quedas ou os prejuízos que nos levam ao fracasso, mas sim, a falta de coragem de levantar e de seguir adiante".

Depois de haver incorporado dentro de si mesmo estes novos valores e ampliado ou aperfeiçoado seu espírito empreendedor, então o guerreiro estará apto para enfrentar sua última batalha: encarar seus próprios medos.

Reflexão: O Renascimento

Como Guerreiro-Águia vencedor e triunfador haverá um momento em que você já terá conquistado tudo que almejou para si na vida. Por mais coisas que você tenha conquistado e reunido em torno de si, algo, bem lá no fundo, isso o deixa inquieto, insatisfeito. É como se sentisse o impulso de jogar tudo para o alto e começar outra vez, aproveitando toda sua experiência da vida.

Se você é uma dessas águias inquietas saiba que é chegado o momento mais difícil de sua vida. Esta é uma decisão muito delicada. É jogar o tudo pelo tudo.

As águias passam por esta etapa. Chega um momento, no ciclo de vida das águias, em que elas sentem que suas garras já não são tão fortes, que seu bico já não tem a resistência da juventude. E precisam se decidir: esperar a morte chegar (porque já não têm mais capacidade de caçar e sobreviver) ou arriscar tudo e começar outra vez.

Muitas águias morrem nessa época porque perdem a sua capacidade de luta e de caça. Mas, outras arriscam tudo, começando de novo. Voam para um local isolado e começam a golpear uma rocha com o bico para arrancá-lo da cabeça, passando por dores e sofrimentos horríveis. Após muita insistência, logram seu intento. Nasce, depois, um novo e forte bico.

Terminada esta etapa, já com o novo bico, elas conseguem arrancar suas próprias garras para fazer nascer novas garras. Todo esse processo demora uns oito meses, findos os quais, aquelas que sobreviveram a essa incrível prova de renúncia e sofrimento, renascem e vivem outro tanto de vida.

No ciclo da vida humana também existe a chamada *Idade do Lobo* ou a *Idade da Loba* em que as pessoas sentem o impulso de mudança. Uma decisão acertada, nesta fase, pode catapultar a carreira e o sucesso profissional para novas oitavas de conquistas, ganhos e triunfos.

É hora de reflexão. Medite profundamente sobre todas essas lições que a vida nos dá gratuitamente. E depois, decida-se e mergulhe fundo em direção ao que você decidiu e pôde enxergar.

QUARTA TRANSFORMAÇÃO:
O FELINO VOADOR

"Os negócios, como as guerras, são dinâmicos, possuem ritmo acelerado e utilizam recursos nem sempre abundantes".

(McNeilly)

Kôa, o Felino Voador
Enxergar em Meio à Obscuridade das Crises

"Nossos antepassados diziam que, pela manhã, antes de entrar em contato com outros seres humanos ou animais, deveríamos falar com os espíritos e recordar o sol, a terra, o universo e tudo o que existe no céu. Isso é o que se reconhece como força do espírito, que tem grande poder. Deste modo, o espírito abre a mente ao conhecimento. Os espíritos de nossos antepassados estão acima, nos vulcões e na água (...)"

(Domingo Collueque, Cacique Mapuche)

Nesta quarta e última etapa de sua formação, o guerreiro passa por uma mudança radical. Necessita superar todos os seus medos e temores para fortalecer seus valores, potencializando seus dons e a mentalidade de vencedor, tirando proveito do eterno embate das forças opostas da natureza.

Entre os astecas, esta etapa era vivida numa caverna profunda, onde o guerreiro passava pela prova de Camazotz, o deus-morcego. Sozinho, entregue a seus próprios pensamentos, o guerreiro tinha que enfrentar seus medos e receios mais ocultos. Diz a lenda que o deus-morcego se materializava ante o valente candidato. Nem todos saíam vencedores dessa prova....

Conforme já vimos, os maiores temores do homem moderno são:

- Medo de perder o emprego
- Medo das mudanças
- Medo do futuro
- Medo de perder o poder
- Medo de ficar sem dinheiro
- Medo da morte, do desconhecido

No ambiente empresarial ou corporativo, esta etapa corresponde ao isolamento que todo profissional deve ter para reavaliar seus conhecimentos, suas habilidades, suas prioridades e também para abrir mão de cargas e coisas inúteis que o prendem ao passado. Os velhos sistemas devem ser abandonados para que surja o novo em sua vida.

Assim, logo aprenderá a ver na obscuridade, na penumbra, e poderá visualizar novas oportunidades em meio a fumaça das crises e das tempestades passageiras, por mais terríveis que sejam.

Conhecer e ter consciência de si e de suas próprias habilidades e capacidades é tudo o que o guerreiro necessita para enfrentar os medos provocados por Camazotz na profunda caverna do desconhecido.

É uma oportunidade de, estando só, recolhido em si mesmo, reavaliar sua vida e os valores que norteiam sua existência, priorizando os seguintes pontos:

- Audácia
- Coragem

- Valentia
- Inteligência
- Vontade
- Entusiasmo
- Solidaridade
- Liderança
- Espírito de luta

Se o Guerreiro-Águia é suficientemente valente para enfrentar Camazotz e seus fantasmas, os medos e temores mais ocultos em sua mente, então terá conquistado o direito de transformar-se em Kôa – o Felino Voador.

Kôa é um ser mitológico alado, que tem a visão nos céus e os pés no chão. É o que as empresas mais procuram em seus líderes: visão de futuro, capacidade de antever as coisas distantes, com os pés bem fincados no chão.

O Guerreiro Kôa, já liberado de seus medos e temores, sempre seguirá em frente, mesmo em meio a crises e tempestades, porém, sua audácia e coragem jamais serão tomadas como loucura e ignorância.

Kôa sempre se lançará a novos desafios na vida porque, liberado do medo, torna-se detentor da capacidade de ver o que os demais não vêem.

Reflexão: O Jogo da Vida

Reflita acerca de um novo paradigma de vida, que se expressa nesta frase:

A vida é um jogo e devemos todos aprender a jogá-lo.

Portanto, reflita sobre:

- Quais são as situações e circunstâncias mais perigosas e ameaçadoras que podem afetar de imediato a sua vida familiar, profissional e social?
- Qual é o maior problema que prejudica seus relacionamentos?
- Qual o ponto fraco na hora de conduzir sua vida pelas turbulências das mudanças rápidas dos tempos modernos?

VISUALIZAÇÃO

Visualize-se vencendo todas as dúvidas e dificuldades dos tempos atuais dando um um salto felino sobre as mesmas, alçando vôo sobre todas as crises – reais ou imaginárias – que estão atualmente afetando o seu desempenho como profissional, chefe de família, colega, amigo e cidadão.

EXERCÍCIO

Como exercício de desenvolvimento de criatividade, imagine que novos negócios e iniciativas deveriam ser feitas no mundo para acompanhar as demandas do novo século e resolver os atuais problemas da humanidade.

SEGUNDA PARTE
AS NOVE ESTÂNCIAS DE MIKTLAN

Os povos indígenas têm seu
próprio conceito sobre a Morte.
Eles recebem o conhecimento
do mundo espiritual e da natureza para
viver em harmonia com a Mãe-Terra.

ESTÂNCIA 1
ONDE POUSA O RIO

O guerreiro percebe que faz parte da criação
e com ela se funde nessa percepção

ESTÂNCIA 1
APANOAYAN:
ONDE POUSA O RIO

"Se não vivemos este conhecimento, morremos como tolos e se diz que não merecemos morrer. Mas, se levamos uma vida plena, baseada no conhecimento da natureza, então podemos dizer que merecemos morrer. Ao morrer, entramos no mundo real: O Mundo do Espírito."

(Alvin Manitopyes – Povo Cree – Canadá)

Para poder subir ao infinito primeiro é preciso descer aos infernos... Este princípio também se aplica ao guerreiro que alcançou o grau de *Kôa*. Para permanecer nos céus é preciso ser mais ágil e flexível, caso contrário poderá ser destruído pelas turbulências dos gelados ventos dos cumes das montanhas.

Um antigo axioma de sabedoria diz: "Como é acima também é abaixo". O perigo está justamente no momento em que as águias necessitam descer das alturas para o solo em busca de alimento. Do mesmo modo, o Guerreiro-Kôa ou Felino Voador também necessita baixar à terra para buscar suas vitórias.

O felino voador, como as águias, está exposto aos perigos normais da vida, podendo até mesmo levá-lo à morte. Mas, que classe de morte? A morte física? Não, a morte do seu espírito de luta, que é pior do que perder a vida.

Quando falamos de morte, evocamos a lembrança das tradições astecas que nos falam acerca do Senhor do Miktlan, com seu rosto sorridente e seus grandes olhos que observam todos aqueles que entram na região da purificação dos desencarnados.

Os astecas devotavam profundo respeito à morte, sempre festejada, porque ela é a única certeza de todo ser humano. Para o guerreiro existiam dois tipos de morte: a morte das fraquezas humanas e a morte no Miktlan – "o lugar onde o tempo não passa".

Quando o guerreiro mata a sua falsa personalidade ,algo novo nasce nele: o poder da consciência – porque sempre que morre o velho, este pode ser substituído pelo novo.

Depois que o Guerreiro-Kôa demonstrava estar pronto para sacrificar sua vida, era então submetido, talvez, à mais dura de todas as provas: descer às Nove Estâncias do Miktlan e de lá retornar com vida.

APANOAYAN

Ao finalizar os rituais dos *tlamatime*s ou sábios astecas, o guerreiro entrava numa espécie de catalepsia, através da qual era possível viajar pelas Nove Estâncias de Miktlan.

A primeira prova era desenvolvida no Apanoayan ou "lugar onde pousa o rio". Nessa primeira Estância, aparece um cão *(xolotl-escuintle)* que conduzirá o "desencarnado" por essa região.

Durante o percurso, o cão – símbolo da lealdade – fielmente segue e guia o guerreiro. A primeira luta se dá contra os fantasmas do "macaco da mentira", "a serpente da deslealdade" e o "crocodilo da corrupção", os quais são comandados pela "hiena da infidelidade" e o "abutre da traição".

À medida que avança pelo caminho, o Cão-Lealdade conduz o guerreiro em meio à obscuridade até descobrir onde estão guardados os dois archotes, símbolos do "compromisso" e da "nobreza".

Reflexão

Reflita sobre o que significam, para você, os seguintes arquétipos:

- O Macaco-Mentira
- A Serpente-Deslealdade
- O Crocodilo-Corrupção
- A Hiena-Infidelidade
- O Abutre-Traição

Depois da havê-los estudado, compreenda-os e mantenha-os em observação, a prudente distância. Dia a dia, eles irão se distanciando de sua vista.

Se julgar conveniente, anote suas reflexões pessoais num caderno e consulte-o sempre que se encontrar diante de um "tipo estranho", identificando-o e tomando suas precauções...

Visualização

Visualize-se e identifique-se plenamente com o arquétipo do Cão-Lealdade.

Visualize-se e identifique-se com as tochas do Compromisso e da Nobreza

Este exercício pode ser praticado quando você estiver em contato com seus amigos, familiares, colegas.

Estância 2
Onde os Montes se Chocam

Até hoje a espiritualidade segue sendo a base das sociedades indígenas, governando todas as suas atividades. Desde o despertar eles falam com os espíritos, reconhecendo o Criador como uma Força Masculina e a Mãe-Terra como uma Força Feminina.

Estância 2
Tepectlinonamiktlan:
Onde os Montes se Chocam

"(...) Xamãs como Don Juan definiam sua busca como um esforço para transformar-se, no final, em um ser inorgânico, isto é, energia consciente de si mesma, atuando como unidade coesa, mas sem um organismo.Eles denominavam este aspecto da sua cognição de liberdade total, um estado em que a consciência existe livre das imposições de socialização e da sintaxe."

(Carlos Castañeda)

Depois de haver vencido o Macaco-Mentira, a Serpente-Deslealdade, o Crocodilo-Corrupção, a Hiena-Infidelidade e o Abutre-Traição, o guerreiro, acompanhado do Cão-Lealdade, segue dissipando as trevas da ignorância com as tochas do Compromisso e da Nobreza, buscando assim superar os perigos da Segunda Estância do Miktlan: o Tepectlinonamiktlan ou *"lugar onde os montes se chocam"*.

Aqui, nesta Estância, os mortos (os medíocres, sem ideais de luta) são triturados. Mas, os guerreiros nobres e comprometidos lutarão e tratarão de cruzar, oportuna e rapidamente este espaço, para não ficarem prisioneiros dos dogmas, que são as armadilhas fatais ali existentes.

Nos estertores da queda do império asteca, semelhante ao que conhecemos de outros impérios da história da humanidade, seus governantes e guerreiros se transformaram em conquistadores sanguinários e violentos, escravizando muitos povos.

Os guerreiros violentos se esqueceram dos ensinamentos dos sacerdotes. O sangue de suas vítimas se coagulou em seus corações e memórias, levando-os ao esquecimento da base inicial do espírito guerreiro: *emancipar a consciência e conquistar corações para que todos se convertessem em espíritos superiores.*

Nesta Estância, o guerreiro é desafiado a descobrir as cadeias e dogmas que acorrentam a sua consciência, e precisa chegar a compreender, por si mesmo, que o objetivo da vida não é simplesmente sobreviver.

Aqui, deve aprender que na vida existe algo mais importante que as guerras e as conquistas, e este aspecto transcendental da existência *é ter clara consciência sobre o estado de liberdade interior.*

De que serve a "guerra exterior" se ela é destrutiva? Por que, em seu lugar, não optra pela "guerra interior" que é construtiva?

Mais do que nunca, o mundo necessita de guerreiros inteligentes, mas a inteligência só se manifesta quando despertamos nossa consciência. O medo e o dogmatismo constituem os principais montes que se chocam.

Neste lugar o guerreiro deve aprender a pensar por si mesmo e a não repetir, mecanicamente, teorias alheias, porque será esmagado pelos montes que se chocam.

O guerreiro inteligente desenvolve o pensamento independente do desejo de "viver" e de "alcançar êxito". Esses desejos trituram o pensamento puro, natural e espontâneo.

O "lugar onde os montes se chocam" é muito parecido com os tempos modernos onde se chocam os montes da "psicose do medo" e da "síndrome da insegurança". Esses dois montes costumam esmagar o homem moderno, confinando-o em cavernas, onde ele acredita que não será atingido pelas circunstâncias da vida. O guerreiro moderno deve sair do seu esconderijo, não deve temer a vida, e lançar-se a conquistas de novos desafios e metas.

Aqueles que conseguirem evitar serem esmagados pelas normas caducas da sociedade moderna se transformarão em guerreiros cujas armas se caracterizam pelo espírito de inconformidade e de rebeldia acausal. Daí nasce o desejo de mudar as coisas externas, começando pela própria transformação.

No lugar onde os montes se chocam existem dois tipos de guerreiros: os violentos e os inteligentes. O guerreiro violento é destrutivo, conservador e retrógrado. O guerreiro inteligente é um estrategista, construtor de novas e importantes alianças.

O guerreiro retrógado é um reformador do tipo regressivo, que acredita em transformações por meio da imposição e de astutas artimanhas. No fundo, é um ditador que se diverte mandando destruir todos aqueles que se atravessam em seu caminho. Tampouco é dado a alianças e, quando as faz, quase sempre as rompe no meio do processo.

O guerreiro inteligente não se submete a nada, não é escravo de nada. Antes, busca o novo, ama o novo, trabalha pelo novo e tem uma grande capacidade de antever o futuro.

Essa classe de guerreiro atravessa rapidamente essa Estância, justamente para não ficar prisioneiro de velhos modelos mentais, caindo no gregarismo dos derrotados e pessimistas. Saindo dali, rapidamente se dirige ao Monte das Navalhas.

REFLEXÃO

Reflita e questione as principais teorias e modelos educacionais hoje em voga no Brasil e no mundo.

Reflita e questione os principais dogmas e pensamentos aceitos no universo filosófico e religioso.

Reflita e questione os chavões e gongorismos do universo empresarial e econômico.

VISUALIZAÇÃO

Visualize-se atuando com grande desenvoltura no campo intelectual.

Visualize-se atuando em desacordo com modelos mentais atualmente vigentes, mas com equilíbrio e total bom senso.

Visualize-se agindo de forma natural e espontânea em todos os momentos e situações da vida.

Visualize-se fazendo novas coisas em sua vida.

EXERCÍCIO

Exercite-se durante este período, atuando com total liberdade no seu dia-a-dia, sem condicionamentos de qualquer espécie.

Estância 3
O Monte das Navalhas

"No dia em que acreditarmos que as árvores, os animais e todas as coisas têm um espírito, começaremos a respeitar a natureza. Se não chegarmos a essa conclusão, se seguirmos pensando que as árvores só possuem valor econômico, vamos acabar com a Terra"

(Faustino Alba, Povo Kuna – Panamá)

Estância 3
Izteptl:
O Monte das Navalhas

"Eu não acreditava ser possível descobrir, no mundo inteiro, um país como aquele. Hoje, no entanto, tudo aquilo que vi naquela época foi derrubado e destruído; nada restou em pé".

(Bernal Díaz del Castillo, 40 anos após a chegada dos espanhóis)

O guerreiro desperto, acompanhado de seu Cão-Lealdade, portando as tochas do Compromisso e da Nobreza, e empunhando a lança da Liberdade, agora avança cautelosamente pelas ladeiras do Monte das Navalhas. Nesse Monte, o guerreiro realiza a renúncia de toda intenção de morte ou de dano obrado pela violência.

O guerreiro ameaçado pela Navalha da Violência estabelece agora uma campanha mais produtiva que se deixar conduzir pela Lei da Vingança, cuja própria natureza tem como resultado a perversidade. O guerreiro desperto passa a se opor conscientemente contra toda forma de violência através de sua serenidade interior. Assim, passa a oxidar as armas dos tiranos da Agressão e do Desespero, que dominam este Monte.

O guerreiro não se defende com uma lâmina ainda mais afiada, mas sim não oferecendo nenhuma resistência. As afiadas navalhas deste Monte não vão encontrar no guerreiro nenhuma resistência em seu espírito, escapando assim de todos os seus movimentos fatais. Essa atitude obrigará o tirano-agressão a dobrar-se sem humilhá-lo e sem ofendê-lo.

Nesse perigoso lugar, o guerreiro aprende a combater um inimigo muito poderoso utilizando uma arma mais poderosa ainda, que é a mente segura de si. Ainda mais porque, neste local, outros tiranos (a violência e a ansiedade) querem dividir e destruir a consciência do guerreiro. O egoísmo e a anarquia também contribuem para cortar profundamente a mente de todo aquele que tentam ir mais além.

Na subida para o topo, seus tiranos, munidos de afiadas navalhas, esforçam-se para fazer o valente guerreiro cair em confusão ou no abismo do seu caos interior. Porém, a Voz Suave da Paz do espírito treinado na luta vem em sua ajuda, restabelecendo nele a agilidade do felino, conquistada em etapas passadas de seu treinamento e de sua formação.

Antes de lograr atingir o cume do Monte, o guerreiro ainda precisa enfrentar e vencer a Tormenta do Desespero. Mantendo-se sempre sereno e tranqüilo, confiante em sua própria capacidade de superar problemas e desafios, vence as últimas etapas de seu aprendizado no Monte das Navalhas.

A mais importante conquista, aqui, é desenvolver a habilidade de cooperar e atrair cooperação – algo que só aqueles que alcançaram a serenidade interior conseguem.

REFLEXÃO

Reflita e conscientize-se de todas as situações que geram em você:

- Impaciência
- Desespero
- Confusão
- Violência
- Anarquia

Visualização

Veja-se em situações de:

- Calma
- Serenidade
- Paz
- Cooperação

Lembre-se de que a impaciência nos leva a eleger caminhos equivocados, que muitas vezes nos conduzem ao desânimo.

ESTÂNCIA 4
ONDE SOPRA O VENTO GELADO

"Um artista alemão, quando viu os objetos trazidos do Novo Mundo para Europa, exclamou: 'Em todos os dias de minha vida nunca havia visto algo que regozijaria tanto meu espírito como estes objetos, já que entre eles vi maravilhosas obras de arte, e estou maravilhado com o sutil gênio do homem das terras distantes'."

(Chlöe Sayer)

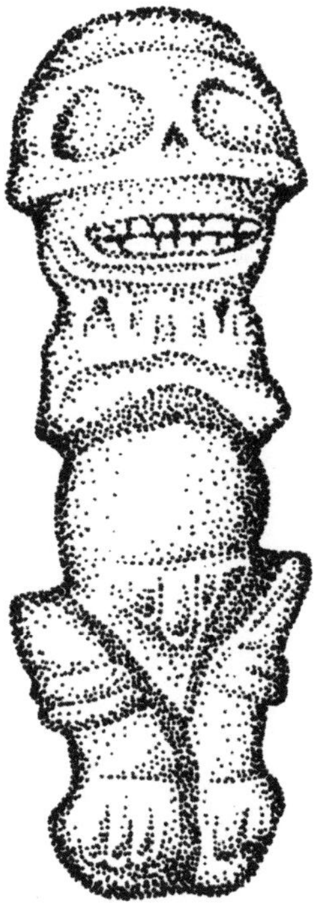

Estância 4
Itzeekayan:
Onde Sopra o Vento Gelado

"E dizem as vozes do País Alto
que o mais velho é o mais jovem,
e que quem sabe buscar
levantará o véu das revelações"

(F. Diez de Medina – Teogonia Andina)

Acredita-se que nesse mítico lugar nascem os ventos norte que destróem casas e arrasam as colheitas e plantações. Aqui, o caminhante será parte crucial da luta entre o frio da mente o calor do coração. A mente açoitará o guerreiro com o frio das suposições, das promessas e das ambições. O coração se defenderá buscando mudanças radicais e profundas.

A esta altura de sua jornada, o guerreiro já terá compreendido que o problema está nele mesmo. Já terá compreendido que, se mudar internamente, tudo mudará à sua volta. E que o próprio guerreiro é o princípio e o fim de todas as coisas. Para tal, é só deixar acender a chama do seu próprio coração e permitir-se expressar os poderes e virtudes do seu próprio espírito.

Quando, nas alturas do poder conquistado, sopram os ventos gelados do orgulho e da arrogância, os frutos da sua ação podem ser congelados e destruídos, e se o guerreiro deixa-se sucumbir por eles, então seu caminho será permeado de misérias interiores, enfermidades desconhecidas e ignorância das leis da vida.

Porém, se em troca o guerreiro deixar sair ou expressar os valores luminosos de seu próprio ser, como a humildade e a persistência, essa luz volatilizará as conseqüências do congelamento do desprezo e do abandono.

Depois, acalmados os ventos e restabelecida a calma, o guerreiro, imerso em profundo recolhimento, escuta uma voz que lhe revela toda a sabedoria desta Estância:

"Não é possível acalmar os ventos e as tempestades com mais violência, mas sim, atraindo a luz do sol. Também não se desfaz o erro combatendo-o frontalmente, mas sim, ensinando e dizendo a verdade.

As doutrinas políticas e econômicas estabelecidas pela violência jamais conseguiram acabar com o egoísmo, a cobiça, a ambição e a competição.

Se você ama verdadeiramente a humanidade e se realmente quer iniciar um tempo novo, é preciso que, primeiro, se modifique.

Esta mudança íntima não deverá ser efetuada por nenhuma coação ou força exterior, que sempre gera o desastre social; antes sim, essa mudança deverá ser voluntária e buscada por você mesmo.

Você deve buscar a sinceridade no mais profundo do seu próprio ser, e ali descobrir suas fraquezas; e compreendê-las na intimidade de seu próprio universo".

Após ter escutado esta eloqüente sabedoria, o guerreiro se dá conta de que deve cumprir outras tarefas em vez de simplesmente gerar poder e riqueza para si mesmo.

REFLEXÃO

Reflita sobre sua "resistência às mudanças".

VISUALIZAÇÃO

Veja-se como pioneiro em sua área de ação, tornando-se um empreendedor e também um líder social ou comunitário.

EXERCÍCIO

Como forma de exercício, elabore um projeto social de ajuda humanitária, seja para a sua cidade, seja para algum país pobre do mundo.

ESTÂNCIA 5
ONDE OS CORPOS TREMULAM COMO BANDEIRAS AO VENTO

"Precisamos nos reconciliar com o Supremo Criador de maneira que Ele possa reconhecer na carne a sua própria criatura".

(Samael Aun Weor)

Estância 5
Paniekatlayan: Onde os Corpos Tremulam Como Bandeiras ao Vento

"As leis criadas pelo homem branco
querem impedir-nos de viver
esta vida (...), pois não sabem que nós,
os índios, como guardiães da terra e
do planeta, compreendemos as leis naturais.
O homem branco faz mau uso da terra
e de tudo o que o Grande Espírito criou".

(Povo Dakota – EUA)

Tratando de recuperar suas forças, o guerreiro se faz presente na Quinta Estância do Miktlan. Esta alegórica Estância é conhecida como "o lugar onde os corpos tremulam como bandeiras". Aqui não existe a gravidade e os mortos estão à mercê dos ventos.

O caminhante estremece ao contemplar essa região porque vê a força da imobilidade, da inércia e da entropia. Tudo paira suspenso na atmosfera... Nesse ambiente, flutuam os corpos daqueles guerreiros que não tiveram fortes convicções positivas e objetivos reais de vida.

Vêem-se flutuando também, como bandeiras sinistras, os cadáveres daqueles guerreiros sem entendimento, dos ingratos, dos que se esqueceram de zelar pelo Coração Celeste que possuem. Nessa região, o visitante é testemunha do triste destino dos medíocres e dos conformistas.

Inesperadamente cai sobre o visitante um dilúvio de "chuva negra". Dia e noite caem do alto torrentes de resina, que são os dejetos dos fracassados. Em meio à escuridão e à tempestade surge o Lobo da Ambição Desmedida, com todos os seus desejos de engrande-cimento a qualquer custo e preço.

Segue-se uma luta impiedosa, onde o guerreiro vê seu braço ser profundamente atingido, praticamente arrancado de seu corpo. Porém, tirando proveito das circunstâncias, o guerreiro inteligente foge da luta sem sentido, buscando refúgio e proteção na Caverna do Amparo. Ali, ferido, magoado e cansado desmaia em profundo sono, onde lhe é revelado, então, o mistério da ambição e de seus tortuosos caminhos.

Em sonhos o guerreiro vê o Lobo da Ambição sendo desintegrado enquanto cessa a chuva. Nos últimos pingos da resina negra que cai do alto, o combalido guerreiro vê chegar a energia da superação, o que lhe dá novo ânimo. Com admiração percebe que essa energia cura seus ferimentos e lhe restaura o braço perdido no combate da tenebrosa noite.

Já outra vez recuperado e fortalecido toma uma decisão: lutar eternamente contra o Desamparo.

REFLEXÃO

Reflita sobre a diferença entre ambição e superação.

VISUALIZAÇÃO

Visualize-se cheio de energia superadora, que o levará a superar e resolver todos os problemas que o estão pressionando no momento.

Pratique o mais que puder a ajuda aos desamparados pela vida.

Estância 6
O Lugar das Flechas Pontiagudas

"Visitamos os pomares e os jardins,
maravilhas para o olhar e para o passeio.
Eu não me cansava de admirar a diversidade das árvores, o perfume que exalava cada uma delas, os caminhos repletos de rosas e de outras flores, as inúmeras árvores frutíferas nativas e o lago de água fresca. O conjunto era realçado por todo tipo de pintura e decoração em pedra, uma festa para o olhar. E pelo lago voavam aves de incontáveis espécies e variedades".

(Bernal Díaz del Castillo ao ver, pela primeira vez,
os jardins privativos do soberano asteca Montezuma II)

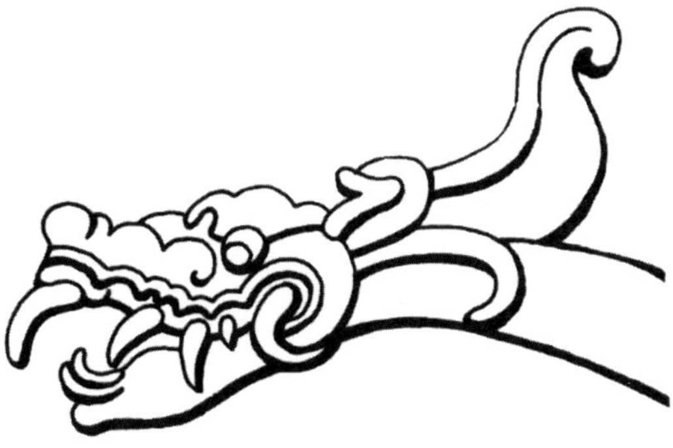

Estância 6
Timiminaloyan:
O Lugar das Flechas Pontiagudas

"Ó nosso rei e senhor! Não te envaideças nem por nada nem por quantos obedecem às tuas ordens. Teus antepassados, os imperadores que crês mortos, superam-te no além, em seu próprio mundo, tanto como a luz do Sol supera a de qualquer pirilampo".

(Sacerdotes anciãos falam a Montezuma)

À medida que o guerreiro vai superando todos os desafios do Miktlan, "lugar onde o tempo não passa", chegará um momento em que terá de entrar na Estância 6: o *Timiminaloyan.*

Essa simbólica região é chamada ou conhecida como "o lugar onde se é flechado". Aqui, o Senhor da Crueldade, que impera sobre todas as formas de erros, apropria-se das flechas erradas dos guerreiros, e com elas, acossa os mortos em sua trajetória por sua região, fazendo-os sangrar abundantemente.

Ao percorrer as obscuras paragens dessa Estância, o guerreiro comete um erro de orientação, perde-se e acaba caindo num buraco profundo. Durante a vertiginosa queda, de todos os pontos da parede surgem flechas que ferem profundamente todo o corpo.

Quando atinge o fundo do buraco, todo ferido, pensa que jamais sairá dali. Grita, mas não é ouvido. Pede socorro, mas ninguém atende. Examinando seu estado, acredita ter chegado ao seu próprio fim. Dá-se conta, então, que as piores flechas disparadas pela vida são as flechas do "abandono" e do "esquecimento".

Sua primeira reação é revoltar-se contra si mesmo, por ter sido estúpido a ponto de se deixar cair na armadilha preparada pelo Senhor da Crueldade. Rebelando-se contra si mesmo percebe que é aguilhoado ainda mais profundamente, agora pelas flechas do "ressentimento", que o atingem de todas as direções.

Mas, sendo um guerreiro inteligente, logo se dá conta da sua real situação interior, e percebe, então, que a "crueldade" somente pode ser combatida com armas mais sutis que as flechas disparadas pela mesma vida.

Buscando respostas íntimas nas antigas lições passadas pelos seus mestres instrutores, logo vê claramente que a "generosidade" é um poderoso cicatrizante para as feridas do ressentimento.

E que as chagas abertas pela "crueldade" saram pelo sua-ve ungüento do amor nobre e sincero. Num relâmpago intuitivo, vê que as guerras não teriam guarida na humanidade se todos soubessem, simplesmente, amar, aceitar seu semelhante e praticar a generosidade, em todos os momentos da vida.

Em meio aos seus pensamentos e sentimentos de autodescoberta profunda, nem vê que à borda do buraco onde se encontra caído e ferido aparece um "Guerreiro Ancião", que lhe oferece ajuda física e espiritual.

Enquanto limpa as feridas, ele ensina: "Existe amor naqueles que sentem angústia pelos sofrimentos de seus amigos e também de seus inimigos. Existe amor naqueles que trabalham em favor dos menos favorecidos pela sorte.

Quando, de todo coração, ajudamos alguém; quando, por nossa vontade e decisão decidimos cuidar das árvores, das flores e dos jardins, sem que ninguém nos peça e sem que ninguém nos pague, aí então existe generosidade. Se sair vencedor nas próximas Estâncias, ao voltar a ver a luz em seu mundo, fora do Miktlan, você encontrará governantes, guerreiros e sacerdotes que possuem apenas uma generosidade falsa e interesseira.

Mas, se quiser ser um verdadeiro guerreiro, você precisa aprender a se proteger das flechas dos interesses egoístas e imediatos daqueles que o cercam, passando a viver cada momento de sua vida de forma consciente, generosa e limpa de interesses mesquinhos. Porque só a generosidade gera causas nobres, e a ela acorrem os espíritos que vibram na mesma freqüência".

Tendo recuperado suas energias, com a ajuda do inesperado ancião, o guerreiro segue seu rumo, depois de ter se banhado fartamente nas águas puras e cristalinas do Lago da Generosidade.

REFLEXÃO

Reflita sobre seus maiores erros passados, erros que chegaram a afetar a sua vida de forma marcante.

VISUALIZAÇÃO

Visualize-se perdoando e esquecendo velhas rixas e dissabores, principalmente aquelas que estão mais vivas em sua memória.

EXERCÍCIO

Como exercício de generosidade, deixe fluir por todo seu ser a energia da simpatia para com as pessoas humildes, os desprotegidos e os necessitados.

ESTÂNCIA 7
ONDE AS BESTAS DEVORAM CORAÇÕES

"Comunicai a meu filho que, já cumprido o tempo de sua peregrinação, eis que já instalou sua gente e sujeitou tudo a seu serviço, e pela mesma ordem, povos estranhos tirarão tudo de vós, e ele há de voltar a este nosso regaço tão logo tenha cumprido lá embaixo sua missão".

(O Grande Huitzilopochtli)

Estância 7
Teokayol Cualloya:
Onde as Bestas Devoram Corações

"Quando minha mãe partiu, meu pai me disse: Tua mãe já não está, mas fica em sua casa, é sua segunda mãe. Quando esta segunda mãe já não estiver, recorda que a Terra é tua mãe para sempre. Se te sentes triste e só em alguma parte do mundo, estira-te sobre a erva e te voltará a energia espiritual que o sol dá a Terra há milhões de anos".

(Povo Lakota – EUA)

Confiante em seu progressivo aprendizado, e disposto a seguir em frente a qualquer custo, o guerreiro avança pela Estância 7. Ele já sabe que ali é "o lugar onde as bestas devoram os corações humanos".

De repente, surgem duas enormes feras para bloquear seu caminho. Já com os sentidos internos bem treinados, de imediato reconhece que essas bestas são a personificação do "ódio" e da "guerra".

Mantendo-se sereno e tranqüilo, observa os animais à sua frente. Olhando profundamente em seus olhos, busca adivinhar suas intenções mais ocultas. Sem perder a calma, vê as feras se movimentarem em sua direção, buscando deixá-lo sem saída.

Um lampejo intuitivo lhe diz para não temer. Ao contrário, deve irradiar a partir de seu interior um forte sentimento de paz e de espírito desarmado. Tão logo começa a irradiar esses sentimentos para aqueles que buscam tirar sua vida, percebe que essa força espiritual se transforma em amor desinteressado, acalmando os instintos das feras.

O guerreiro vê então que até a postura dos corpos das feras se modifica. Elas também desarmam seus espíritos, e agora já não avançam mais em sua direção buscando uma luta de morte, mas sim para festejar a sua presença. E deixam o caminho livre para o intrépido guerreiro da existência humana...

Essa experiência permite ao heróico lutador compreender que o ódio é a raiz de todos os problemas de convivência social. E a pior expressão desse sentimento consiste em destruir a vida ou a carreira ou as metas de seus semelhantes. Mata-se não somente com flechas e espada, mas também com o olhar, com as palavras e com as atitudes.

Ainda que o homem seja portador dos instintos primitivos que carrega em seu subconsciente, isso não quer dizer que tenha que expressá-los em sua vida diária. Antes, dotado de inteligência, deve usá-la justamente para estudá-los, compreendê-los e superá-los.

Uma nova lição de vida leva o guerreiro de sua passagem por esta Estância: por mais difícil que seja uma dada situação, ele jamais deve perder sua consciência e seu autocontrole porque é possível transformar a força opositora em força aliada, mantendo-se sereno e tranqüilo.

REFLEXÃO:

Reflita sobre as causas do ódio que corrói muitos

corações humanos, impedindo-os de expressar o mais nobre de todos os sentimentos

Visualização

Visualize-se mantendo sempre a serenidade e a paz interior, por mais que as circunstâncias exteriores sejam terríveis e adversas .

Exercício

Como exercício desta Estância procure praticar uma permanente auto-observação de todos os pensamentos de raiva, ódio, rancor ou vingança que possam lhe passar pela mente durante o dia.

ESTÂNCIA 8
SEGUINDO PELO CAMINHO DA NÉVOA

"Ainda que seja de jade, quebra.
Ainda que seja de ouro, rompe.
Ainda que seja de pena de águia, cai.
Jamais para sempre na terra,
somente um pouco aqui."

(Netzahualcoyotl)

Estância 8
Yzmictlan Apochkaloka: Onde se Perde a Visão Pelo Caminho da Névoa

"Um a um vou reunindo-os
Quais jades vou engastando teus cantos
E com eles faço um colar.
Enfeita-te com ele."

(Cantos Mexicanos)

A maior parte das tradições autóctones diz que aos 20 anos um homem se parece com um pavão real; aos 30, com um tigre; aos 40, com uma águia; aos 50, com uma serpente; aos 60, com um cachorro; aos 70, com um macaco; e, aos 80, com uma sombra falante (fantasma).

A penúltima região do Miktlan é conhecida como "o lugar onde se perde a visão pelo caminho da névoa". Aqui deve o guerreiro prosseguir sua jornada, porém, sem perder a visão. Aqui domina o Senhor do Tempo, sutil como a névoa, incapaz de ser aprisionada por mãos humanas.

O Senhor do Tempo é o revelador de todos os segredos. Não existe nada feito pela mão do homem que, cedo ou tarde, não seja destruído pelo tempo.

Quando o guerreiro inicia sua jornada nesta região, percebe que seu corpo sofre contínuas mutações. Às vezes se sente mais jovem, outras vezes, mais velho. Isso ocorre porque o Senhor do Tempo traz à luz tudo o que estava oculto e oculta tudo o que hoje brilha esplendorosamente.

Essas mutações, que ocorrem em meio à névoa, fazem com que o guerreiro se distraia e perca seu caminho. Desorientado, busca retomar seu rumo, mas tudo se torna inútil, porque a névoa faz tudo parecer igual, não importa para onde se olhe ou nem para onde se caminhe.

Em meio ao aparente nada, o guerreiro ouve passos que se aproximam e depois vão tomando forma em meio ao cinza onipresente. Já bem próximo, reconhece o Guerreiro Ancião que o socorrera na outra Estância.

Porém, a maior surpresa que se revela ao guerreiro agora, é que ele percebe que o ancião é cego. Ofegante, pergunta, seguindo um diálogo muito revelador:

– Por que ficaste cego?

– Porque um dia me deixei levar pelo ódio.

– Que fazes aqui, neste lugar?

– Sou único com a luz e guio os guerreiros que mostraram valentia.

Feliz com a ajuda e com as revelações, pergunta o guerreiro ao ancião:

– Por que aqui, em meio à névoa, vejo meu corpo mudar de aparência, ficando às vezes jovem, outras vezes velho?

– A velhice é como o amor, não pode ser ocultada, ainda que se disfarce com as coisas da juventude. Todo guerreiro abriga a esperança de ter longa vida, de chegar à velhice e desfrutar de suas vitórias, mas, na realidade, essa idade assusta.

– Se é assim, prefiro morrer jovem na batalha que chegar à velhice, disse o guerreiro.

– A maior tragédia humana, diz o ancião, é não querer aceitar a velhice e acreditar-se jovem, como se a velhice fosse um delito ou um castigo. O melhor dessa idade é estar bem perto da meta final da vida.

– Mas, qual é a diferença entre um guerreiro jovem e um guerreiro velho?

– O verdadeiro guerreiro é aquele que busca alcançar a sublimidade ou a venerabilidade com o passar do tempo. Isso quer dizer "chegar a encarnar a própria sabedoria", revelou o ancião. E prosseguiu:

– Se saires da Nona Estância, se retornares à luz do dia ou da vida, terás que fazer uma escolha: seguir a vida com dignidade e honra ou viver como criatura comum e corrente. Se fizeres a primeira opção, chegarás a ser Senhor de Si Mesmo, e também serás um guia para outros. Mas, se elegeres a segunda opção, enfrentarás as desgraças que o mundo conhece da idade senil.

O jovem guerreiro, certamente, recebeu um terrível impacto por essas revelações que lhe foram passadas nessa Estância. Impulsivamente, pergunta ao ancião:

– Como posso sair daqui sem perder a visão?

– É simples, diz o ancião. É só deixar fluir a luz que há dentro de você mesmo!

– Mas, que luz? indaga o jovem guerreiro.

– No recinto da morte saberás! revela o ancião, deixando o jovem ainda mais confuso.

Ditas essas palavras, o corpo do ancião iluminou-se todo, fazendo com que o jovem guerreiro pudesse sair do lugar da névoa sem maiores dificuldades.

REFLEXÃO

Reflita sobre o medo da velhice

VISUALIZAÇÃO

Visualize-se elegendo o caminho da sublimidade e da sabedoria

EXERCÍCIO

Como exercício desta Estância, procure entrevistar-se com pessoas idosas extraindo de suas histórias novas lições práticas de vida. Faça isso enquanto é tempo...

Estância 9
O Recinto da Morte

"Veja o que resta da Glória e da Sabedoria.
Para que nasceste, se somente resta Mani?
Mani, Mani. Já terminou tudo! Tudo já terminou!"

(Cantos Mexicanos)

Estância 9
Chicunamiktlan: O Recinto da Morte e do Eterno Repouso

"Estes conhecimentos morreram na Europa faz quatrocentos, quinhentos anos, quando queimastes aos que se serviam das plantas e das árvores. Chamaste-os de bruxos e feiticeiros. O catolicismo contribuiu muito com essas matanças. Com estes "feiticeiros" morreram informações de muito valor."

(Povo Lakota - EUA)

O guerreiro está bem perto de sua meta final. Sua experiência lhe diz que agora, mais que nunca, deve segurar bem firme sua lança.

Segue então pela Estância 9, a mais temida das regiões arquetípicas, conhecida como "o recinto da morte ou do eterno repouso", regida por Miktlantekutli e Miktlanzihuatl – respetivamente Senhor e Senhora da Região dos Mortos. Esta é a última Estância de purificação psicológica e moral pela qual deve passar o guerreiro antes de alcançar sua vitória final contra si mesmo.

Nesta região, o guerreiro se encontrará cara a cara com a própria morte, morte esta que, muitas vezes, o guerreiro proporcionou a tantos adversários.

Nessa região, ao enfrentar os Senhores da Morte, inicialmente ele sente ser tomado por um frio penetrante, que faz congelar seu sangue nas veias. Depois, é tomado por indizível tremor, que insiste em sacudir todos os ossos de seu corpo.

Porém, se se mantém firme e sereno, apesar do clima reinante, consegue fazer com que seu olhar se estenda além das aparências capazes de congelar a vida do comum dos mortais.

O guerreiro percebe então que a essência da morte é liberadora e amorosa, não havendo motivos para temê-la; deve antes alegrar-se por sua presença. Indo mais além, penetrando profundamente no espectro com que se apresenta a todos, o guerreiro vê que a morte é bela e suave. Que seus olhos flamejam como o sol e que sua energia, quando se vai além, é a mesma energia que dá vida a todas as criaturas do universo.

Nesse encontro com a Soberana Morte, o guerreiro aprende que não há necessidade de palavras para ensinar. A simples contemplação da morte é toda uma formidável didática de vida. E nada mais precisa ser dito.

Aprende o guerreiro que "a verdade sobre a morte só pode ser aprendida com a vivência da própria morte".

"A morte, em si mesma, nada tem de aterrador", ensina a Soberana. "Pelo contrário, é algo sublime, transcendental, uma experiência mística verdadeira, capaz de transformar até o mais empedernido dos mortais.

A energia da morte é tão poderosa que nada, nem os mundos ou as galáxias, podem resistir ao seu poder único sem sucumbir.

A morte é o verdadeiro depósito da vida, e a própria vida é marcada pelos cascos do cavalo da morte".

Em meio à contemplação extática, o guerreiro nem percebe que é atingido pela energia da Senhora da Morte, vindo a perder a consciência. E ao se recuperar desse estado de arrebatamento, custa a se dar conta se a experiência vivida foi real ou transcendental ou se ambas são a mesma e eterna experiência da vida.

Ao voltar a si, observa que já não se encontra no temido recinto, agora está deitado e rodeado de anciãos no mesmo lugar onde se decidira passar pela forte experiência do Miktlan.

Da grande vivência, o guerreiro retorna sabendo que deve amar a vida, mas sem apegar-se a ela.

Reflexão

Quais os paradigmas que nos condicionam à visão da morte?

Visualização

Visualize-se vivendo intensamente, usufruindo de tudo que a vida oferece, mas sem estar apegado à mesma.

Exercício

Como exercício prático para este momento, leia um livro sobre experiências de pessoas que morreram e voltaram à vida.

Fim da Jornada
O Guerreiro da Luz

"Nossa filosofia não é para enunciar teorias, senão para vivê-las."

(Maria Eugenia Aguilar – Nahuat – EUA)

O Guerreiro da Luz

*"O índio de puro sangue desaparece,
e devemos aceitar isso. O importante
é que os ensinamentos permaneçam".*

(Povo Lakota – EUA)

Logo após haver cruzado valentemente as nove Estâncias do "lugar onde o tempo não passa", o guerreiro sai então do seu estado de catalepsia, dispondo-se a realizar estratégias e táticas adequadas à nova vida que acaba de descobrir dentro de si, buscando com isso superar as trevas da ignorância pela ação da luz da nova consciência que se formou em seu interior.

Mais do que nunca, propõe-se o guerreiro a vencer a distância que o separa da nova era do conhecimento. Tendo aprendido que, de todas as criaturas, o homem é a única com poder de transformar o meio em que vive, certamente, sabe agora que pode também transformar o seu meio interior.

Os Guerreiros Iluminados formam uma pequena elite, capaz de fazer e mudar a história do planeta. Essa classe de guerreiros, onde quer que se apresente, em pouco tempo realiza profundas transformações entre aqueles que o cercam e participam do processo de suas conquistas.

O guerreiro iluminado é, antes de mais nada, um facilitador de poder e um transformador de processos e métodos. Sua ação se estende muito além das fronteiras estabelecidas pelo comum dos mortais, fazendo-se líder natural porque soube conquistar luz própria e desenvolver autoconfiança suficiente para não temer a capacidade de seus próprios aliados.

Carismático, sua presença inspira ação contínua, permanente e renovada. Aceita e busca novos desafios. Seguro de si, ajuda e apóia os que aparecem em seu caminho. Senhor de suas ações, compreende que não existe pior inimigo que ele mesmo. Por isso, além de renovar continuamente o ambiente que o cerca, também renova a si mesmo todo o tempo, jamais se acomodando sobre as conquistas do passado.

Sua ação se caracteriza pela mudança e pela transformação. Ele sabe que uma alimenta a outra. Compreende que não existe mudança sem transformação e que toda transformação exige mudanças, seja interna, seja externamente.

Ciente de seu poder, de sua capacidade, sabe que sua missão é levar e irradiar luz a todas as direções, motivar e vivificar aqueles que o cercam, iluminar e ampliar a visão dos que o servem e servir de instrumento de transformação para o benefício de todos em cujo meio está inserido.

Enfim, ele mesmo sabe que se transformou num *Guerreiro da Luz...*

Apêndices
Mãe-Terra e a Espiritualidade
Vocábulo Equivocado

"Um dia a Terra vai adoecer. Os pássaros cairão do céu, os mares vão escurecer e os peixes aparecerão mortos na correnteza dos rios. Quando esse dia chegar, os índios perderão o seu espírito. Mas vão recuperá-lo para ensinar ao homem branco a reverência pela sagrada terra. Aí então todas as raças vão se reunir sob o símbolo do árco-íris para terminar com a destruição. Será o tempo dos Guerreiros do Arco-Íris."

(Profecia de uma velha índia Cree, há mais de 200 anos)

Mãe-Terra e Espiritualidade

"Nossos valores espirituais e culturais nos levarão a manter o equilíbrio da terra"

(Vic.Yellowhawk White, Povo Keetowah – USA)

Declaração da Reunião de Consulta dos Povos Indígenas, Mãe-Terra e Espiritualidade

Esta declaração foi entregue ao autor pelo cacique Mapuche Domingo Collueque no ano de 1998, por ocasião da reunião internacional dos caciques das Américas.

"Nós, povos nativos de Abya Yala (América), solenemente declaramos que o Criador nos trouxe aqui e levamos a verdade destas terras em nossos corações. A sabedoria da Mãe-Terra flui em nossas veias. Somos filhos do Criador e da Mãe-Terra, e fomos instruídos para viver em equilíbrio com o céu, a terra, as plantas, as árvores, os minerais, os seres alados, aquáticos e quadrúpedes.

Reafirmamos nosso compromisso de viver sob as leis naturais do Criador que governam a sua criação e mantêm o equilíbrio entre todas as formas de vida. Estamos agradecidos à vontade do Criador e ao sustento da Mãe-Terra porque temos sobrevivido.

Fazemos um apelo a toda comunidade internacional para que reconheça nossos direitos coletivos em relação a nossos territórios e terras natais; proteção e respeito a nossos sítios sagrados bem como ao direito irrestrito dos povos indígenas de neles entrar; o respeito às nossas formas de adoração; o reconhecimento a nossos valores espirituais e nossa cosmogonia; o respeito ao direito de nossas crianças a terem um futuro sadio e sustentável, livre da degradação ambiental.

Exigimos da comunidade internacional a reafirmação do cumprimento dos Acordos do Rio de Janeiro com relação aos Povos Indígenas e, de igual maneira, a ratificação dos convênios internacionais para a proteção e defesa de nossa espiritualidade original e dos direitos sobre as propriedades intelectuais e culturais.

Respeitamos e reconhecemos que as forças naturais do universo estão restabelecendo o equilíbrio global, efetuando seu dever sagrado de perpetuar a vida. Devemos entender, desde nossos corações, que a humanidade deve lutar para alcançar o equilíbrio interior, aprendendo a caminhar em harmonia com a Mãe-Terra.

Em nome do espírito de nossos ancestrais, fazemos um apelo a todos os moradores da Mãe-Terra para que se comportem de maneira respeitosa a fim de assegurarem a sobrevivência das futuras gerações.

Isso posto, demos forma a um Conselho Espiritual de Consulta, em primeiro de junho de 1996[*], formado pelos líderes espirituais e representantes das nações Bri-Bri, Garífuna, Keetowah, Quechua, Kolla, Kuna, Macuna, Mapuche, Maya, Nahuat e Shuar".

[*] Costa Rica, América Central

Vocábulo Equivocado(*)

"Chamam a gente de índio. Não sei se por ignorância, por desprezo ou simplesmente para dar um nome às coisas, porque, para muita gente, nós somos apenas uma coisa."

(Lourenço Txibae Ewororo, do povo Borôro – Brasil).

Ao pronunciar a palavra "índio" poucos percebem que estão repetindo um erro dos descobridores, quando, há 500 anos, acreditaram haver chegado às Índias.

Não só estamos perpetuando um erro histórico como também reduzindo uma infinidade de povos e culturas a uma categoria genética sem identidade, ou, como disse Lourenço Ewororo, a "uma coisa".

De uma só vez destruímos nome, cultura, história e passado, da mesma maneira como se fez com os povos de origem africana, que se tornaram simplesmente "negros".

Seria melhor denominá-los de "indígenas"ou preferentemente com o nome de sua tribo. Porém, jamais se deveria usar a expressão "índio brasileiro", que é um conceito colonialista que precisaria ser apagado de nosso vocabulário. Assim, também, a expressão "povo indígena" ou "grupo indígena" é melhor do que "tribo", já que na linguagem usual, esta palavra tem conotação pejorativa.

(*) Extraído de: HECK, Egon e PREZIA Benedito.
Povos Indígenas: Terra é Vida. São Paulo. Atual, 1998, pp. 10-11

REFERÊNCIAS BIBLIOGRÁFICAS

Aun Weor, Samael. *A Doutrina Secreta de Abahuac*, Ed. Agni

Aun Weor, Samael. *O Cristo Social,* Ed. Gnose

Aun Weor, Samael. *Educação Fundamental*, Ed. Agni

Aun Weor, Samael. *Magia Crística Asteca*, Ed. Gnose

Aun Weor, Samael. *Os Mistérios Maias*, Rex Collection

Loma, Guillermo Lange. *El mensaje Secreto de los Simbolos de Tihuanaco y del Lago Titikaka*

Diez de Medina, Fernando. *La Teogonia Andina – Mitos y Leyendas de los Aztecas, Incas, Mayas*, Fondo de Cultura Económica, México, 1988

El Popol-Vuh, Instituto Latinoamericano de Comunicación Educativa (ILCE) - México.